Votre Bibliographie

CARNET DE LECTURES

Lydia MONTIGNY

Carnet de Lectures

© 2021 Lydia MONTIGNY

Édition : BoD – Books on Demand,
12/14 rond-point des Champs-Élysées, 75008 Paris
Impression : BoD - Books on Demand, Norderstedt, Allemagne

ISBN : 978-2-3223-8173-9
Dépôt légal : Août 2021

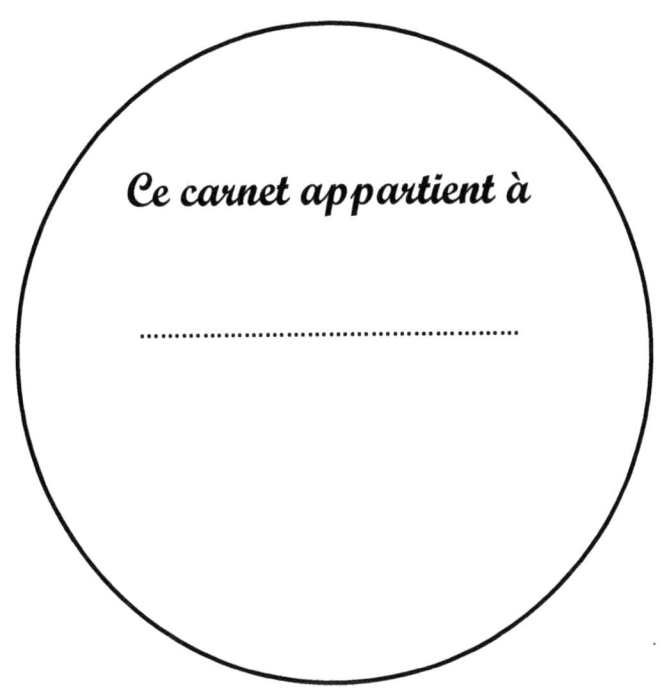

Ce carnet appartient à

....

TITRE :

Date :

AUTEUR(E) :

GENRE :

REFERENCES :
(Année, éditeur, collection)

ISBAN :

AVIS :

☆ ☆ ☆ ☆ ☆

RESUME :

CITATIONS/REFLEXIONS :

TITRE :

Date :

AUTEUR(E) :

GENRE :

REFERENCES :
(Année, éditeur, collection)

ISBAN :

AVIS :

☆ ☆ ☆ ☆ ☆

RESUME :

CITATIONS/REFLEXIONS :

TITRE :

Date :

AUTEUR(E) :

GENRE :

REFERENCES :
(Année, éditeur, collection)

ISBAN :

AVIS :

☆ ☆ ☆ ☆ ☆

RESUME :

CITATIONS/REFLEXIONS :

TITRE :

Date :

AUTEUR(E) :

GENRE :

REFERENCES :
(Année, éditeur, collection)

ISBAN :

AVIS :

☆ ☆ ☆ ☆ ☆

RESUME :

CITATIONS/REFLEXIONS :

TITRE :

Date :

AUTEUR(E) :

GENRE :

REFERENCES :
(Année, éditeur, collection)

ISBAN :

AVIS :

☆ ☆ ☆ ☆ ☆

RESUME :

CITATIONS/REFLEXIONS :

TITRE :

Date :

AUTEUR(E) :

GENRE :

REFERENCES :
(Année, éditeur, collection)

ISBAN :

AVIS :

☆ ☆ ☆ ☆ ☆

RESUME :

CITATIONS/REFLEXIONS :

TITRE :

Date :

AUTEUR(E) :

GENRE :

REFERENCES :
(Année, éditeur, collection)

ISBAN :

AVIS :

☆ ☆ ☆ ☆ ☆

RESUME :

CITATIONS/REFLEXIONS :

TITRE :

Date :

AUTEUR(E) :

GENRE :

REFERENCES :
(Année, éditeur, collection)

ISBAN :

AVIS :

☆ ☆ ☆ ☆ ☆

RESUME :

CITATIONS/REFLEXIONS :

TITRE :

Date :

AUTEUR(E) :

GENRE :

REFERENCES :
(Année, éditeur, collection)

ISBAN :

AVIS :

☆ ☆ ☆ ☆ ☆

RESUME :

CITATIONS/REFLEXIONS :

TITRE :

Date :

AUTEUR(E) :

GENRE :

REFERENCES :
(Année, éditeur, collection)

ISBAN :

AVIS :

☆ ☆ ☆ ☆ ☆

RESUME :

CITATIONS/REFLEXIONS :

TITRE :

Date :

AUTEUR(E) :

GENRE :

REFERENCES :
(Année, éditeur, collection)

ISBAN :

AVIS :

☆ ☆ ☆ ☆ ☆

RESUME :

CITATIONS/REFLEXIONS :

TITRE :

Date :

AUTEUR(E) :

GENRE :

REFERENCES :
(Année, éditeur, collection)

ISBAN :

AVIS :

☆ ☆ ☆ ☆ ☆

RESUME :

CITATIONS/REFLEXIONS :

TITRE :

Date :

AUTEUR(E) :

GENRE :

REFERENCES :
(Année, éditeur, collection)

ISBAN :

AVIS :

☆ ☆ ☆ ☆ ☆

RESUME :

CITATIONS/REFLEXIONS :

TITRE :

Date :

AUTEUR(E) :

GENRE :

REFERENCES :
(Année, éditeur, collection)

ISBAN :

AVIS :

☆ ☆ ☆ ☆ ☆

RESUME :

CITATIONS/REFLEXIONS :

TITRE :

___

Date :

___

AUTEUR(E) :

___

GENRE :

___

REFERENCES :
(Année, éditeur, collection)

___

ISBAN :

___

AVIS :

☆ ☆ ☆ ☆ ☆

RESUME :

CITATIONS/REFLEXIONS :

TITRE :

Date :

AUTEUR(E) :

GENRE :

REFERENCES :
(Année, éditeur, collection)

ISBAN :

AVIS :

☆ ☆ ☆ ☆ ☆

RESUME :

CITATIONS/REFLEXIONS :

TITRE :

Date :

AUTEUR(E) :

GENRE :

REFERENCES :
(Année, éditeur, collection)

ISBAN :

AVIS :

☆ ☆ ☆ ☆ ☆

RESUME :

CITATIONS/REFLEXIONS :

TITRE :

Date :

AUTEUR(E) :

GENRE :

REFERENCES :
(Année, éditeur, collection)

ISBAN :

AVIS :

☆ ☆ ☆ ☆ ☆

RESUME :

CITATIONS/REFLEXIONS :

TITRE :

Date :

AUTEUR(E) :

GENRE :

REFERENCES :
(Année, éditeur, collection)

ISBAN :

AVIS :

☆ ☆ ☆ ☆ ☆

RESUME :

CITATIONS/REFLEXIONS :

TITRE :

Date :

AUTEUR(E) :

GENRE :

REFERENCES :
(Année, éditeur, collection)

ISBAN :

AVIS :

☆☆☆☆☆

RESUME :

CITATIONS/REFLEXIONS :

TITRE :

Date :

AUTEUR(E) :

GENRE :

REFERENCES :
(Année, éditeur, collection)

ISBAN :

AVIS :

☆ ☆ ☆ ☆ ☆

RESUME :

CITATIONS/REFLEXIONS :

TITRE :

Date :

AUTEUR(E) :

GENRE :

REFERENCES :
(Année, éditeur, collection)

ISBAN :

AVIS :

☆ ☆ ☆ ☆ ☆

RESUME :

CITATIONS/REFLEXIONS :

TITRE :

Date :

AUTEUR(E) :

GENRE :

REFERENCES :
(Année, éditeur, collection)

ISBAN :

AVIS :

☆ ☆ ☆ ☆ ☆

RESUME :

CITATIONS/REFLEXIONS :

TITRE :

Date :

AUTEUR(E) :

GENRE :

REFERENCES :
(Année, éditeur, collection)

ISBAN :

AVIS :

☆ ☆ ☆ ☆ ☆

RESUME :

CITATIONS/REFLEXIONS :

TITRE :

Date :

AUTEUR(E) :

GENRE :

REFERENCES :
(Année, éditeur, collection)

ISBAN :

AVIS :

☆☆☆☆☆

RESUME :

CITATIONS/REFLEXIONS :

TITRE :

Date :

AUTEUR(E) :

GENRE :

REFERENCES :
(Année, éditeur, collection)

ISBAN :

AVIS :

☆ ☆ ☆ ☆ ☆

RESUME :

CITATIONS/REFLEXIONS :

TITRE :

Date :

AUTEUR(E) :

GENRE :

REFERENCES :
(Année, éditeur, collection)

ISBAN :

AVIS :

☆ ☆ ☆ ☆ ☆

RESUME :

CITATIONS/REFLEXIONS :

TITRE :

Date :

AUTEUR(E) :

GENRE :

REFERENCES :
(Année, éditeur, collection)

ISBAN :

AVIS :

☆ ☆ ☆ ☆ ☆

RESUME :

CITATIONS/REFLEXIONS :

TITRE :

Date :

AUTEUR(E) :

GENRE :

REFERENCES :
(Année, éditeur, collection)

ISBAN :

AVIS :

☆ ☆ ☆ ☆ ☆

RESUME :

CITATIONS/REFLEXIONS :

TITRE :

Date :

AUTEUR(E) :

GENRE :

REFERENCES :
(Année, éditeur, collection)

ISBAN :

AVIS :

☆ ☆ ☆ ☆ ☆

RESUME :

CITATIONS/REFLEXIONS :

TITRE :

Date :

AUTEUR(E) :

GENRE :

REFERENCES :
(Année, éditeur, collection)

ISBAN :

AVIS :

☆ ☆ ☆ ☆ ☆

RESUME :

CITATIONS/REFLEXIONS :

TITRE :

Date :

AUTEUR(E) :

GENRE :

REFERENCES :
(Année, éditeur, collection)

ISBAN :

AVIS :

☆ ☆ ☆ ☆ ☆

RESUME :

CITATIONS/REFLEXIONS :

TITRE :

Date :

AUTEUR(E) :

GENRE :

REFERENCES :
(Année, éditeur, collection)

ISBAN :

AVIS :

☆ ☆ ☆ ☆ ☆

RESUME :

CITATIONS/REFLEXIONS :

TITRE :

Date :

AUTEUR(E) :

GENRE :

REFERENCES :
(Année, éditeur, collection)

ISBAN :

AVIS :

☆ ☆ ☆ ☆ ☆

RESUME :

CITATIONS/REFLEXIONS :

TITRE :

Date :

AUTEUR(E) :

GENRE :

REFERENCES :
(Année, éditeur, collection)

ISBAN :

AVIS :

☆ ☆ ☆ ☆ ☆

RESUME :

CITATIONS/REFLEXIONS :

TITRE :

Date :

AUTEUR(E) :

GENRE :

REFERENCES :
(Année, éditeur, collection)

ISBAN :

AVIS :

☆ ☆ ☆ ☆ ☆

RESUME :

CITATIONS/REFLEXIONS :

TITRE :

Date :

AUTEUR(E) :

GENRE :

REFERENCES :
(Année, éditeur, collection)

ISBAN :

AVIS :

☆ ☆ ☆ ☆ ☆

RESUME :

CITATIONS/REFLEXIONS :

TITRE :

Date :

AUTEUR(E) :

GENRE :

REFERENCES :
(Année, éditeur, collection)

ISBAN :

AVIS :

☆☆☆☆☆

RESUME :

CITATIONS/REFLEXIONS :

TITRE :

Date :

AUTEUR(E) :

GENRE :

REFERENCES :
(Année, éditeur, collection)

ISBAN :

AVIS :

☆ ☆ ☆ ☆ ☆

RESUME :

CITATIONS/REFLEXIONS :

TITRE :

Date :

AUTEUR(E) :

GENRE :

REFERENCES :
(Année, éditeur, collection)

ISBAN :

AVIS :

☆ ☆ ☆ ☆ ☆

RESUME :

CITATIONS/REFLEXIONS :